CW01302786

Le guide des aires naturelles de camping

Copyright © 2025 Romain Sarda
Tous droits réservés.
Code ISBN : 9798883970718
Marque éditoriale : Independently published

Responsabilité

Bien que nous mettions tout en oeuvre pour délivrer une information exacte, nous ne pouvons en garantir le caractère exhaustif, complet, et pérenne; les exploitants étant libres d'apporter des modifications dans l'exploitation de leur activité.

En ce sens, les informations présentées ne peuvent engager notre responsabilité d'éditeur et nous ne pourrions être tenus pour responsables des dommages directs et indirects consécutifs à l'accès à l'information de ce guide.

Pour tout séjour, nous vous recommandons de prendre contact en amont avec l'exploitant et de vous assurer avec lui de la possibilité et de la confirmation de votre venue.

Une autre idée du camping

C'est au hasard d'un circuit de cyclotourisme dans les Landes en 2007, que ma compagne et moi avons découvert les aires naturelles de camping. Très séduits par cette autre idée du camping, nous avons naturellement cherché de nouvelles adresses où poser notre tente. L'utilité d'un annuaire spécialisé nous a vite sauté aux yeux et c'est pour cette raison que le site **AireNaturelle.com** a vu le jour.

Premier site spécialisé sur les aires naturelles de camping et les campings familiaux, ce site n'a pour autre but que de promouvoir ce type d'hébergement en recensant l'ensemble des établissements français, tout en fédérant une communauté autour de cette thématique.

C'est suite aux nombreuses demandes reçues que ce guide, déclinaison papier de l'annuaire en ligne, a vu le jour.

Ce guide a été conçu pour répondre au mieux aux besoins et aux problématiques de tous campeurs : format poche, carte de situation, coordonnées GPS scannables, notes personnelles.
Nous espérons sincèrement qu'il saura vous satisfaire.

Le site AireNaturelle.com et ce guide s'inscrivent dans une démarche personnelle et sont réalisés par une équipe de passionnés et bénévoles, adeptes de ce type d'hébergement.

Pour toute remarque ou suggestion vous pouvez nous contacter sur **romain@airenaturelle.com**

Romain

Les aires naturelles de camping par région

Auvergne-Rhône-Alpes p. 12
41 adresses

Bourgogne-Franche-Comté p. 24
12 adresses

Bretagne p. 30
10 adresses

Centre-Val-de-Loire p. 34
1 adresse

Corse p. 36
5 adresses

Grand-Est p. 38
9 adresses

Normandie p. 42
9 adresses

Nouvelle-Aquitaine p. 46
44 adresses

Occitanie p. 58
36 adresses

Pays-de-la-Loire p. 68
7 adresses

Provence-Alpes-Côte d'Azur p. 72
6 adresses

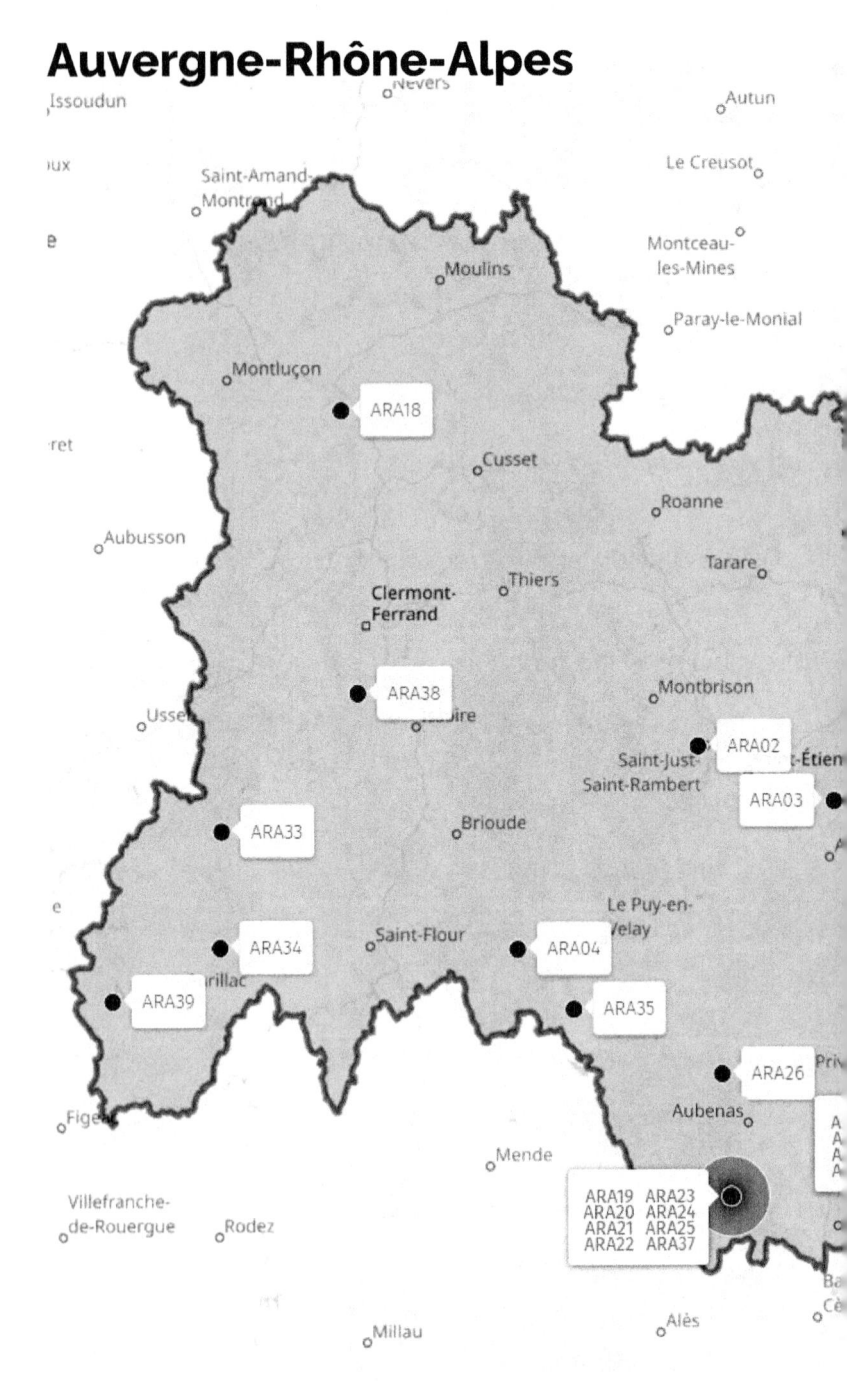

Auvergne-Rhône-Alpes

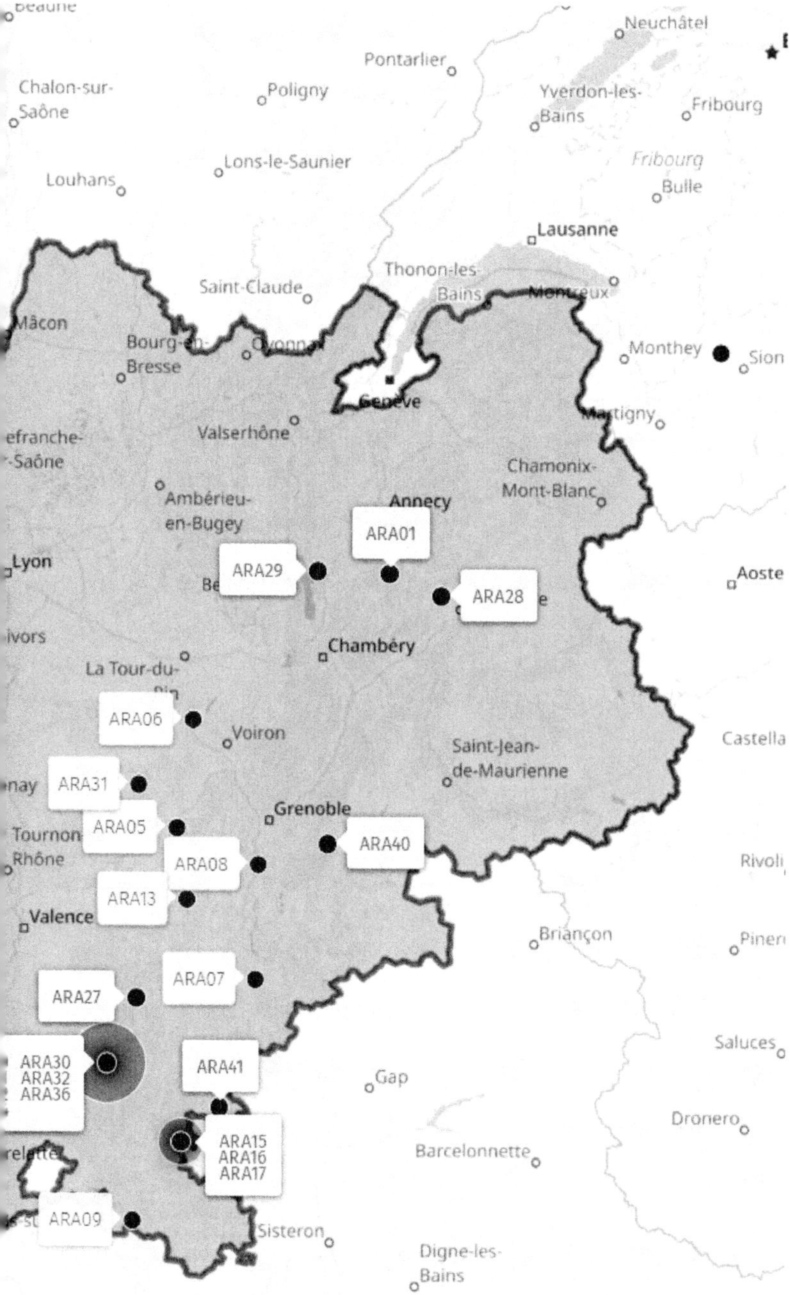
Neuchâtel
Pontarlier
Chalon-sur-Saône
Poligny
Yverdon-les-Bains
Fribourg
Lons-le-Saunier
Fribourg
Louhans
Bulle
Lausanne
Thonon-les-Bains
Saint-Claude
Mâcon
Bourg-en-Bresse
Monthey
Sion
Genève
Valserhône
Chamonix-Mont-Blanc
Ambérieu-en-Bugey
Annecy
ARA01
ARA29
ARA28
Lyon
Aoste
Chambéry
La Tour-du-Pin
ARA06
Voiron
Saint-Jean-de-Maurienne
Castella
ARA31
Grenoble
ARA05
ARA40
Tournon
Rhône
ARA08
Rivoli
ARA13
Valence
Briançon
ARA07
ARA27
Saluces
ARA30
ARA32
ARA36
ARA41
Gap
Dronero
ARA15
ARA16
ARA17
Barcelonnette
ARA09
Sisteron
Digne-les-Bains

Les Framboisiers

ARA01

04 79 63 36 33 /

http://www.camping-les-framboisiers.com

GPS
Le Villard 73340 Bellecombe-en-Bauges
45.75298799999999
6.140237999999954

Aire naturelle de Frecon vieux

ARA02

04 77 39 52 19 /

GPS
42170 Saint-Just-Saint-Rambert
45.4992428
4.210580700000037

Les Cerisiers

ARA03

06 63 37 01 23 /

http://www.camping-maclas.fr/

GPS
L'Orme 42250 Maclas
45.371306
4.680827000000022

Les Escargots Bleus

ARA04

04 71 74 00 41 / 06 10 29 18 63

http://www.lesescargotsbleus.fr/

GPS
Chemin du Breuil 43300 Prades
45.02848789999999
3.594785199999933

La Chatonnière

ARA05

04 76 38 18 76 /
enest@hotmail.fr
http://www.la-chato.fr/

GPS
273 route de Malleval 38470 Cognin-les-Gorges
45.17182020149512
5.41573180926207

Aire naturelle de Montchardon

ARA06

04 76 55 70 52 /
campingruraldemontchardon@sfr.fr
http://camping-de-montchardon.business.site/

82 Chemin du Montchardon 38690 Oyeu

45.4209311
5.472371899999985

Les Merlons

ARA07

06 62 64 65 95 /
lesmerlons@gmail.com

Les Merlons 38710 Prébois

44.81511937979474
5.687205791473389

Camping du Moulin de Tulette

ARA08

06 37 74 61 70 / 06 81 65 82 35
campingdetulette@gmail.com
http://www.camping-moulindetulette.fr/index.php/fr/

38760 Varces

45.08540860000001
5.698602299999948

Le moulin de Cost

ARA09

06 68 16 90 21 / 04 75 28 09 82
reservation@camping-moulindecost.com
http://www.camping-moulindecost.com

Quartier de Cost 26170 Buis-les-Baronnies

44.248672
5.26156

Le petit Nid

ARA10

04 75 40 00 70 / 09 52 24 32 20

http://www.accueilpaysandrome.com

Quartier Nichon 26400 Mirabel et blacons

44.7036114327053
5.122160911560059

Les Lavandes

ARA11

04 75 76 04 09 /
leoparddrome@hotmail.fr
http://www.lavandes.tk/

GPS

Serre Lotie 26400 Soyans

44.630950006759
5.0061933399505

La Briance

ARA12

04 75 76 05 00 /

http://labriance.com/

GPS

21 Briance 26400 Saou

44.6469994
5.0582646000000295

Les Moreaux

ARA13

06 63 79 31 43 /

GPS

26420 Saint-Martin-en-Vercors

45.003889
5.447249000000056

Tzig'âne

ARA14

06 56 87 39 14 /
tziganerando@orange.fr
https://www.tziganerando.com/

GPS

26460 Bourdeaux

44.59288919999999
5.155081999999993

Ferme de Pommerol

ARA15

04 75 27 25 63 / 06 87 79 14 20
pommerol.camping@wanadoo.fr
http://www.fermedepommerol.com/

GPS

26470 Pommerol

44.44579210000001
5.458437600000025

Le Gessy

ARA16

04 75 27 80 39 /
contact@camping-legessy.com
http://www.camping-legessy.com/

GPS

26510 Verclause

44.385572461491
5.4266723584747

Ferme de Pierre Vieille

ARA17

04 75 27 41 94 / 06 31 87 15 08

http://www.pierrevieille.com/

GPS

26510 Cornillac

44.439457317412
5.4045173558197

Brénazet

ARA18

04 70 07 63 19 / 06 07 33 07 43
brenazet@gmail.com
https://brenazet.fr/

GPS

03390 Vernusse

46.270711
2.9948850000001

Domaine de Jossoin

ARA19

06 73 58 52 72 /
domainedejossoin@gmail.com
https://www.domaine-de-jossoin.fr/

GPS

La Prade 07110 Largentière

44.523414
4.301348999999959

Ferme Graverolle

ARA20

06 34 04 12 98 /

http://www.ferme-graverolle.com/contacts.php

GPS

07120 Saint-Alban-Auriolles

44.424724
4.302622000000042

Les Chadenèdes

ARA21

04 75 39 09 19 / 06 81 33 85 02

http://www.camping-chadenedes.com/

304 route de Chadenèdes 07120 Grospierres
44.397222
4.291944000000058

L'Abeille

ARA22

06 81 71 29 85 /

989 Vieille Route de Lagorce 07150 Vallon-Pont-d'Arc
44.4182161
4.399943900000039

Camping Le Torrent

ARA23

06 75 17 47 65 /
campingletorrent@gmail.com
https://www.camping-letorrent.com/

Quartier Le Torrent 07150 Vallon-Pont-d'Arc
44.404851
4.386963

Mathieu Claude

ARA24

04 75 36 66 83 /

Salymes 07230 Lablachère
44.47884699999999
4.203485000000001

Les Vernades

ARA25

04 75 39 16 75 / 06 30 39 18 21
camping-les-vernades@orange.fr
http://www.camping-les-vernades.fr/

Quartier Les Vernades 07260 Rosières
44.474292659583
4.2672336101532

Le Moulin de Charrier

ARA26

06 52 38 21 09 /
camping.auberge.moulindecharrier@gmail.com
http://www.moulindecharrier.com/camping/

GPS

07600 Labastide-sur-Besorgues

44.73614348550431
4.297155042852751

Camping de La Condamine - Aire Naturelle

ARA27

04 75 21 08 19 / 06 70 49 12 92
gilbert.archinard@sfr.fr
https://aire-naturelle.wixsite.com/campingdelacondamine

GPS

26150 pontaix

44.76581
5.272708

Aire naturelle du Val de Tamié

ARA28

04 50 32 49 97 /
info@valdetamie.com
https://www.valdetamie.com/

GPS

255 route des Noyers - 74210 Faverges-Seythenex

45.7126791
6.315907

Camping Le Meyrieux

ARA29

04 79 54 72 01 /
Jean-Paul.bernard31@wanadoo.fr
https://www.facebook.com/CampingLeMeyrieux

GPS

2269 , Route de la chambotte 73410 La Biolle

45.7671789
5.9121401

Le Moulin de Pradelle

ARA30

04 75 21 69 96 /
lemoulin.accueil@orange.fr
https://www.relaislemoulin.com/

GPS

Quartier le moulin 26340 Pradelle

44.6045289
5.2884852

Aire naturelle de Château Rocher Tourisme ARA31

04 76 36 20 98 /
info@gite-isere.com
https://www.gite-isere.com

GPS

400 Imp. du Château-Rocher, 38940 Roybon

45.2721364
5.2864711

Camping Le Matin Calme ARA32

06 75 94 00 08 /
campingmatincalme@gmail.com

GPS

5193 Perrerie 26220 Vesc

44.52224368688
5.1521372795105

Aire naturelle du Lac de Menet ARA33

06 42 04 85 37 / 04 71 67 97 66
contact@village-vacances-auvergne-lacdemenet.com
https://www.village-vacances-auvergne-lacdemenet.com/village-vacances-auvergne-aire-naturelle-camping.html

GPS

Village Vacances - Lac de menet - 15400 MENET

45.3023751
2.5844224

Camping des Milans ARA34

04 71 47 90 72 / 06 85 18 59 40

https://www.puech-verny.com/

GPS

2 Puech Verny 15590 15590 Saint-Cirgues-de-Jordanne

45.031404059593065
2.576686586871464

Aire naturelle du Bouchet-Saint-Nicolas ARA35

04 71 57 32 22 /
mairie.lebouchetstnicolas@orange.fr
http://www.lebouchetsaintnicolas.fr/pages/services.html

GPS

Le bourg 43510 Le Bouchet-Saint-Nicolas

44.888449122398946
3.7858200073242188

Camping de Grange Neuve

ARA36

06 79 40 26 89 /
info@campingmornans.com
https://www.campingmornans.com/

Grange Neuve, 26460 Mornans

44.60738885588821
5.130797852917488

Camping La Goule

ARA37

06 29 91 53 34 / 04 75 38 61 34
campinglagoule@gmail.com
https://www.campinglagoule.com/

La Goule, 07150 Vagnas

44.357383747796604
4.3828324860491685

Aire naturelle de camping d'Olloix

ARA38

06 83 50 90 36 /

https://www.olloix.fr/tourisme/se-loger/aire-naturelle-de-camping/

Rue du Pré de Barre, 63450 Olloix

45.62249144242154
3.0469288649857686

Aire naturelle de camping de La Ségalassière

ARA39

06 44 03 05 32 /

15290 Le Feyt, 15290 La Ségalassière

44.90457037948688
2.2057360453613244

La ferme des bisons de l'Oisans

ARA40

07 50 54 43 92 /
fermedesbisons333@gmail.com
https://www.lafermedesbisonsdeloisans.fr/

513 chemin de Bouthéon, Rochetaillée, 38520 le Bourg d'Oisans

45.11833105590797
6.002423482772841

Le Moulin

ARA41

06 15 68 98 16 / 06 79 51 62 55
lemoulincamping@gmail.com
https://www.diois-tourisme.com/camping/camping-municipal-le-moulin-164495/

RD 306 26310 Valdrome

44.50522338725408
5.575657164246814

Bourgogne-Franche-Comté

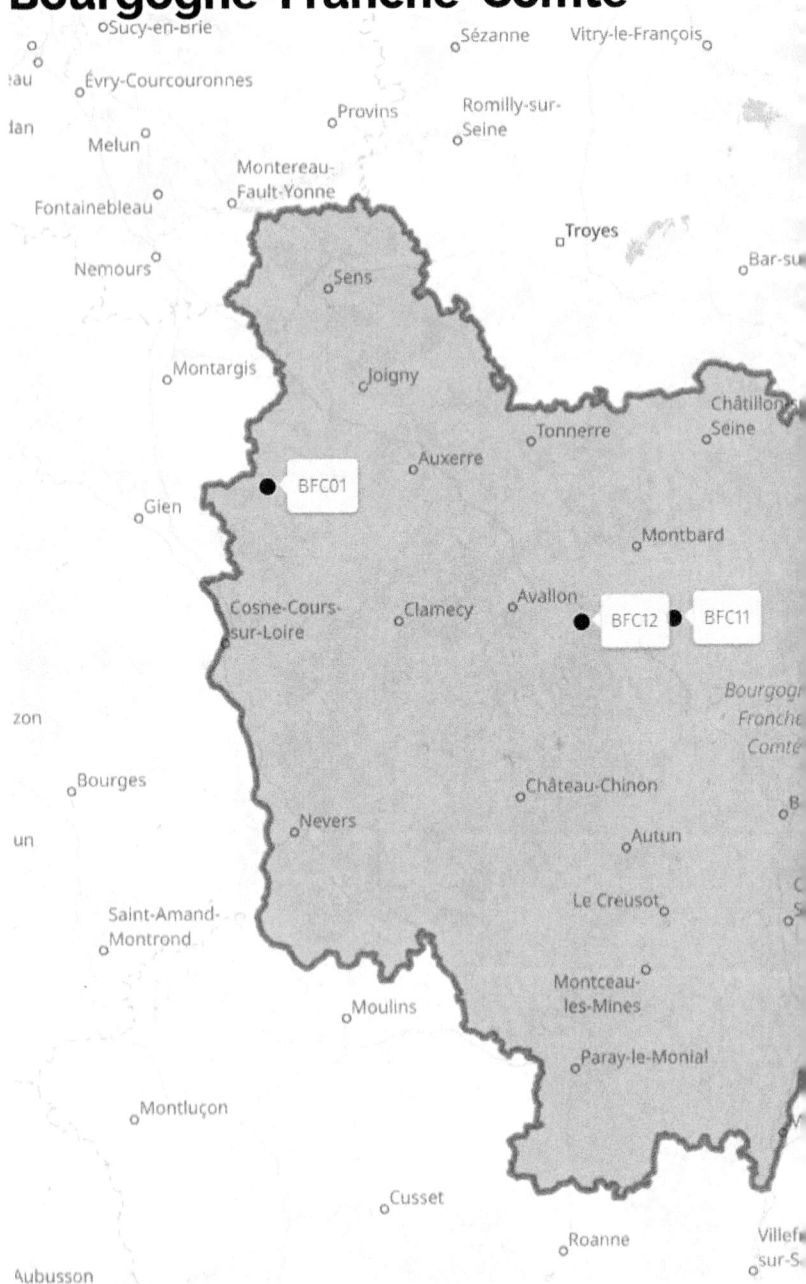

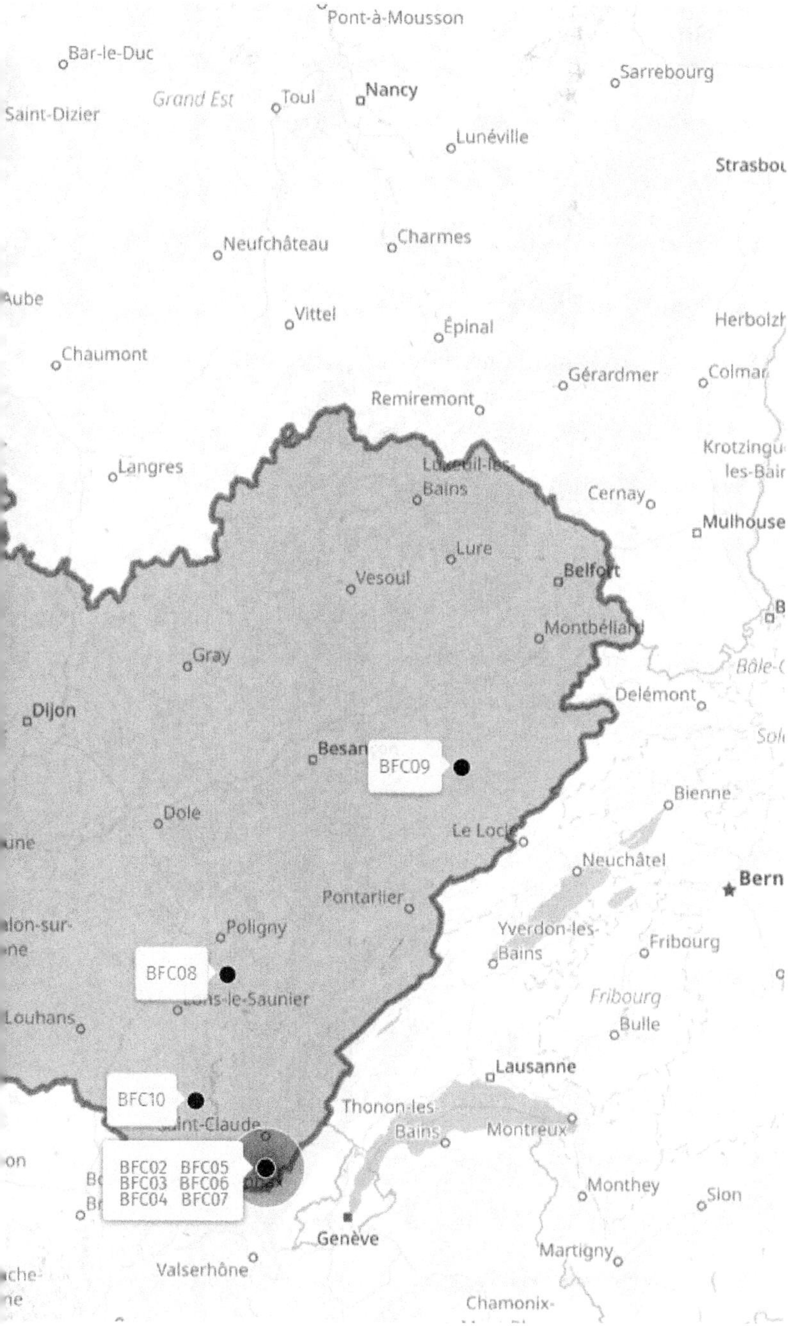
Pont-à-Mousson
Bar-le-Duc
Sarrebourg
Grand Est
Toul
Nancy
Saint-Dizier
Lunéville
Neufchâteau
Charmes
Vittel
Épinal
Chaumont
Gérardmer
Remiremont
Langres
Bains
Cernay
Mulhouse
Lure
Vesoul
Montbéliard
Gray
Delémont
Dijon
BFC09
Bienne
Dole
Neuchâtel
Bern
Pontarlier
Poligny
Yverdon-les-Bains
Fribourg
BFC08
Fribourg
Louhans
Bulle
Lausanne
BFC10
Thonon-les-Bains
Montreux
BFC02 BFC05
BFC03 BFC06
BFC04 BFC07
Monthey
Sion
Genève
Martigny
Valserhône
Chamonix-

Le Petit Villars

BFC01

03 86 45 10 40 /
sylviepetitvillars156@orange.fr
http://campinglepetitvillars.e-monsite.com/

GPS

89350 Champignelles

47.759851386469
3.0680860164448

La maison des Inuits

BFC02

07 82 28 66 11 /
lamaisondesinuits@gmail.com
https://www.gite-jura-inuits.com/fr

GPS

Le manon 39310 Septmoncel

46.36775228214414
5.963909773158434

Chez Verguet

BFC03

03 84 41 61 32 /

https://www.saint-claude-haut-jura.com/aire-naturelle-de-camping-chez-verguet-bellecombe.html

GPS

Chez Verguet Les Trois Cheminées 39310 Bellecombe

46.2987452
5.906213600000001

La Dalue

BFC04

03 84 41 69 03 /
estelle.perrier@gite-la-dalue.com
http://www.gite-la-dalue.com/

GPS

39310 Bellecombe

46.29863393120627
5.890527963638306

Ferme de l'Enquerne

BFC05

03 84 45 38 56 /

http://lenquerne.wixsite.com/ferme-de-lenquerne

GPS

froide combe ouest 39370 La Pesse

46.2974931
5.8761789000000135

La Ferme au chapeau vert

BFC06

03 84 42 79 59 /
patrick.abraham@wanadoo.fr
http://www.yourte-gite-jura.com/

Les Crêts Bouvard 39370 Les Bouchoux
46.2994727
5.824255699999981

Les Cheyennes

BFC07

06 74 86 14 61 /

http://lescheyenneslapesse.fr/

Sur la mouillé 39370 La Pesse
46.279486829496065
5.838993107458691

L'Auberge du petit cheval blanc

BFC08

03 84 85 32 07 / 09 64 45 12 08

http://www.petitchevalblanc.fr/

2 route du Fied 39800 Fay en Montagne
46.755664514391825
5.727013043655461

Ferme du Cret

BFC09

03 81 56 04 76 / 06 82 32 17 84
camping.le.cret@club-internet.fr

25510 Pierrefontaine les varans
47.221535
6.532702

Au pays des voisins

BFC10

03 84 35 72 51 / 07 68 39 52 76
aupaysdesvoisins@hotmail.fr
https://aupaysdesvoisins.weebly.com/

17, route de Villeneuve 39270 Sarrogna
46.4674668
5.6221551

Madriniacus

BFC11

06 86 98 96 85 /
madriniacus@orange.fr
https://campingmadriniacus.over-blog.com/

GPS

7 rue de la cure 21150 Marigny le Cahouet

47.4646844
4.4595546

Aire natuelle de camping de Montberthault

BFC12

06 88 40 57 07 /

https://www.montberthault.fr/aire-naturelle-de-camping

GPS

Chemin du Pont au Moulin Blond, 21460 Montberthault

47.45850171301772
4.140543792405645

Bretagne

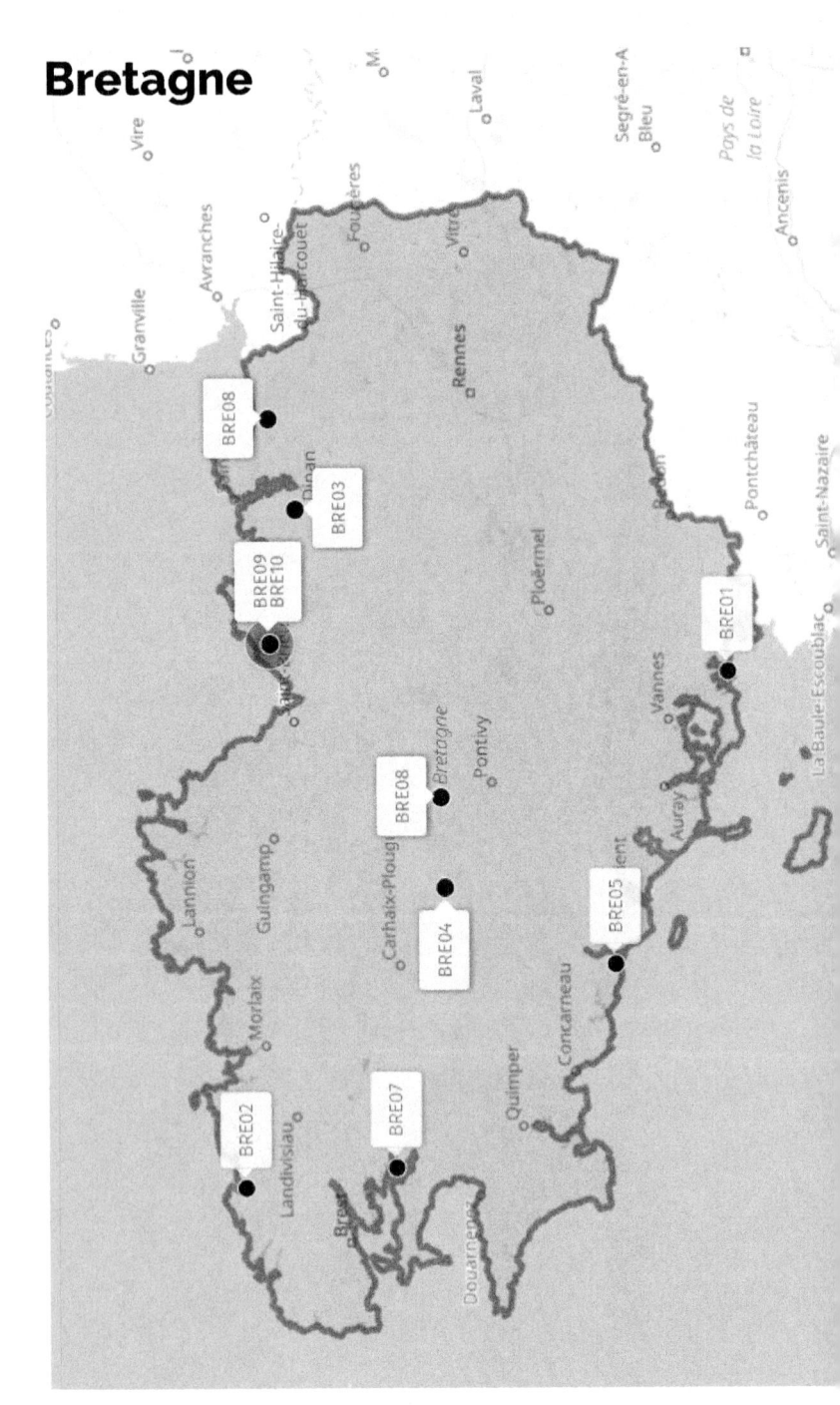

Le cosquer

BRE01

02 97 41 25 29 / 06 22 24 47 13
remysavary@sfr.fr

GPS

rue du Dendec, 56750 Damgan

47.521598
-2.6044429999999

Ty Poas

BRE02

02 98 83 40 69 /

https://mairie-goulven.fr/aire-naturelle/

GPS

Ty Poas, 29890 Goulven

48.63099769999999
-4.308611299999939

L'aire du verger

BRE03

06 12 13 44 04 /
contact@aireduverger.com
http://www.aireduverger.com/camping/page0.html

GPS

La Gromillais, 22490 Pleslin-Trigavou

48.51477696224437
-2.0662739674590966

Eco-domaine Le bois du Barde

BRE04

02 96 29 30 03 /
contact@leboisdubarde.bzh
https://www.leboisdubarde.bzh

GPS

Coat an Bars 22110 Mellionnec

48.172729
-3.313002

Aire naturelle de la La ta

BRE05

06 19 86 01 50 / 06 25 04 60 14
auvieuxmoulin@free.fr
https://auvieuxmoulin-bretagne-sud.com/petit-camping-ecolo/

GPS

Kerguilan 29360 Clohars-Carnoet

47.78522655586657
-3.5706005375732364

Camping du domaine de la Roche
BRE06

02 99 48 01 65 / 06 82 75 78 36
christophe.lair.montdol@orange.fr
http://camping-mont-dol.com/

La Roche - Mont-Dol 35120 Dol de Bretagne
48.574722
-1.763574

Domaine du Seillou
BRE07

06 62 26 73 18 /
contact@domaineduseillou.fr
https://domaineduseillou.fr/

Le Seillou, 29590 Rosnoën
48.28651979861677
-4.241725216632805

Aire naturelle de Saint-Aignan
BRE08

02 97 27 50 20 /

https://www.saint-aignan56.fr/

Rue de Guerl dan, 56480 Saint-Aignan
48.18527021446916
-3.016082355853185

Camping du Pusset
BRE09

06 61 30 88 15 /
campingdupusset@sfr.fr
http://www.campingdupusset.fr/

Le Pusset, 22430 Erquy
48.60486006185335
-2.460817899333849

Aire naturelle de camping de la ferme du Pourpray
BRE10

02 96 63 08 62 /
lafermedupourpray22400@gmail.com
https://www.la-ferme-du-pourpray.fr

Le Pourpray 22400 Saint Alban
48.567857561094726
-2.561649544994465

Centre-Val-de-Loire

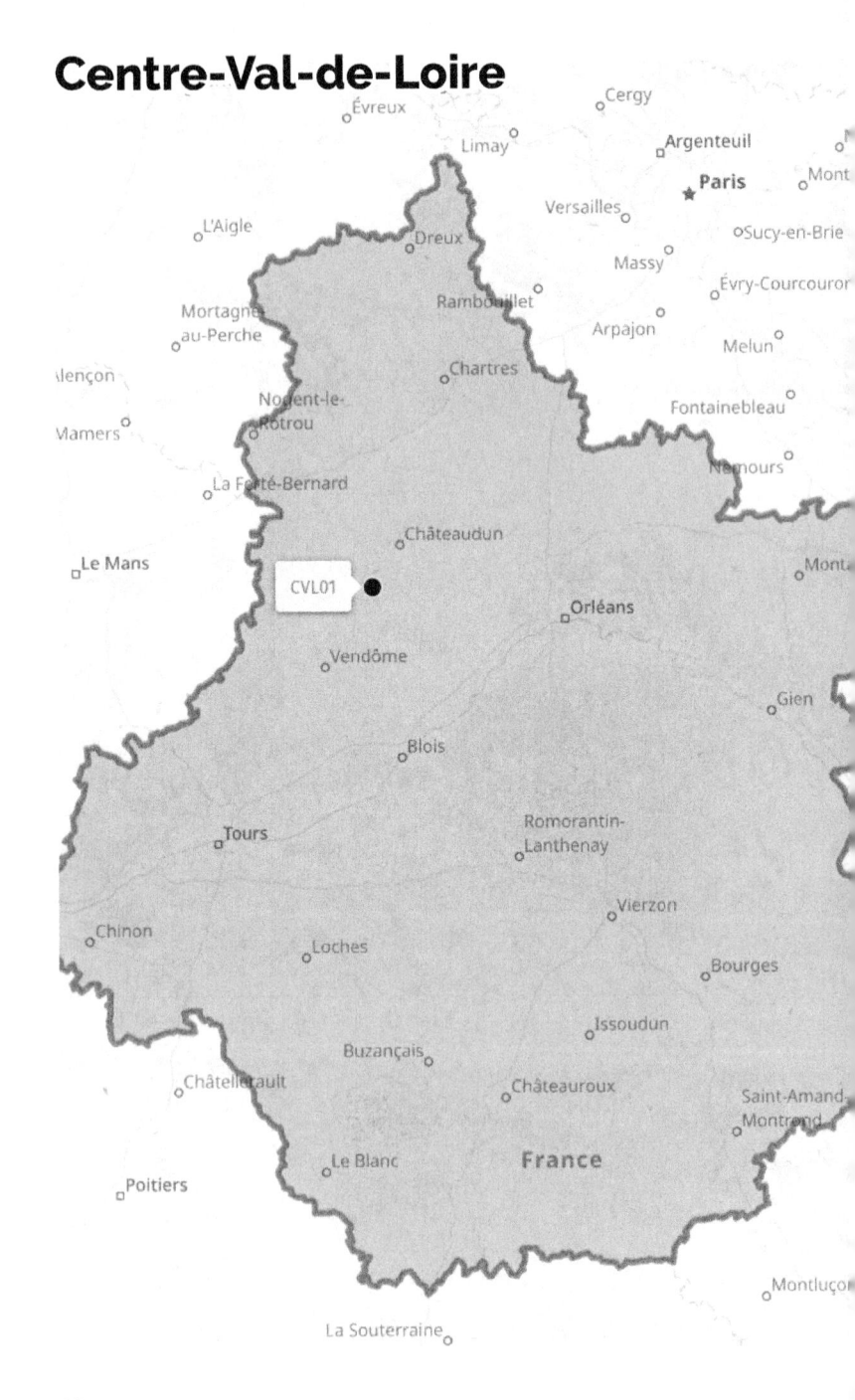

CVL01

Les Fouquets

CVL01

02 54 82 66 97 / 06 68 75 38 66
contact@campinglesfouquets.fr
http://www.campinglesfouquets.fr/

GPS

5 Les Fouquets 41160 Froidmentel

47.9731231
1.2332263000000694

Corse

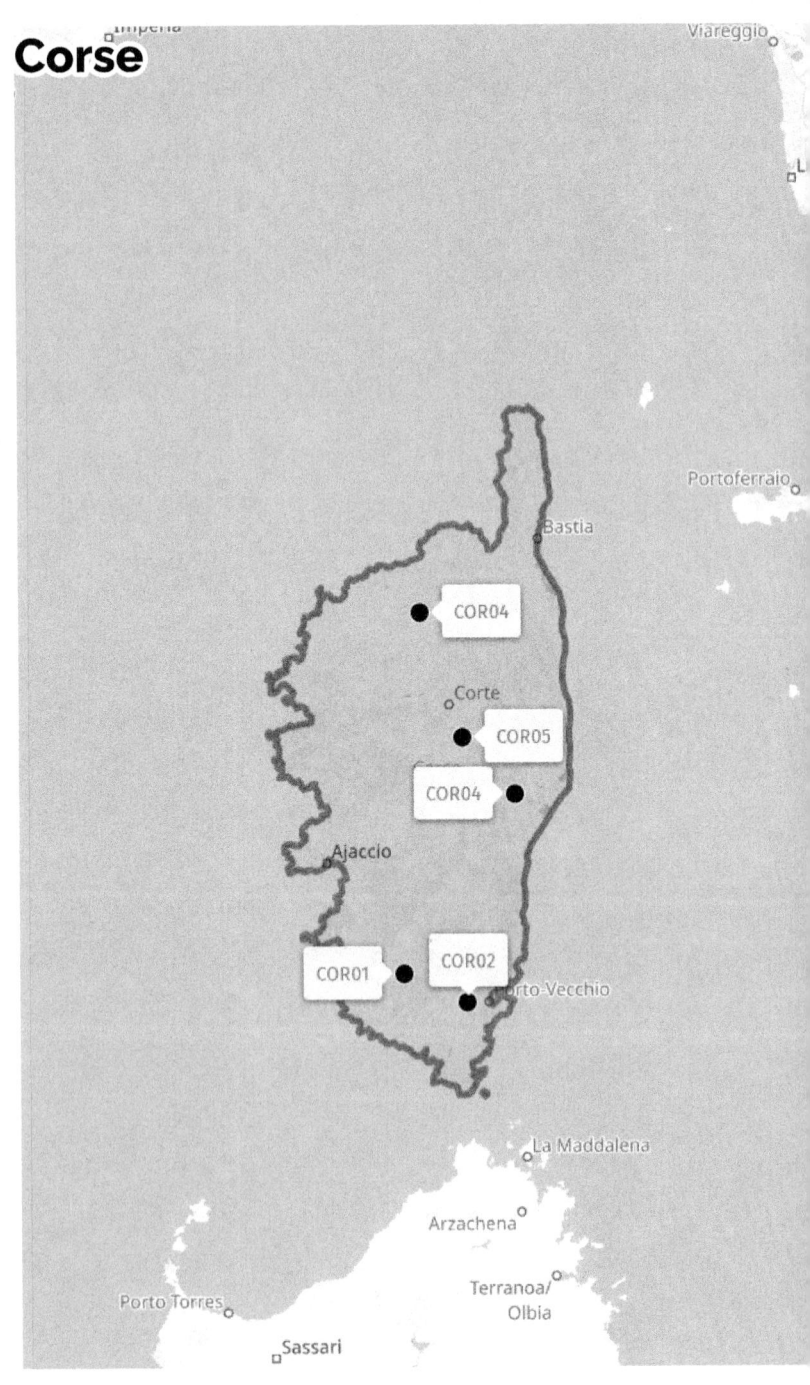

La Rivière

COR01

04 95 50 51 16 / 06 13 61 21 53
lariviere@encorsedusud.fr
http://www.camping.la.riviere.encorsedusud.fr/

20110 Arbellara

41.660216
8.99421899999993

La ferme d'Alzetta

COR02

04 95 70 02 32 /
alzetta@orange.fr
http://www.fermedalzetta.com/acceuil_camping_alzetta.htm

Vaccile del monte - Muratello 20137 Porto-Vecchio

41.586797
9.200454000000036

Ferme Terra Madre Maison Pieraggi

COR03

04 95 38 53 41 / 04 95 29 26 00
ferme.terramadre@gmail.com
http://ferme.terramadre.free.fr/crbst_1.html

Route du Moulin 20240 Ghisonaccia

42.096070370740854
9.367087932060258

Camping de l'Aghja

COR04

06 34 29 17 13 /

https://www.camping-ferme-l-aghja.com/

6 Chem. de Bocca Croce, 20259 Vallica

42.52105735574696
9.050727968271064

Aire naturelle de Peridundellu

COR05

06 95 73 20 66 /
campingvenaco@orange.fr
https://campingvenaco.e-monsite.com/

Peridundello, 20231 Venaco

42.223577022984635
9.194299592130207

Grand-Est

Caudry
Chimay
Couvin
Beauraing
Bastogne
Hirson
Saint-Quentin
Libramont-Chevigny
Charleville-Mézières
ergnier
Sedan
Laon
Rethel
Soissons
Vouziers
en-Valois
Tinqueux
Verdun
Château-Thierry
Châlons-en-Champagne
Bar-le-Duc
Sézanne
Vitry-le-François
Saint-Dizier
Grand Est
Provins
Romilly-sur-Seine
itereau-
t-Yonne
Troyes
Bar-sur-Aube
Sens
Chaumont
Joigny
Châtillon-sur-Seine
Langres
Tonnerre
Auxerre
Montbard
e-Cours-
oire
Clamecy
Avallon
Gray

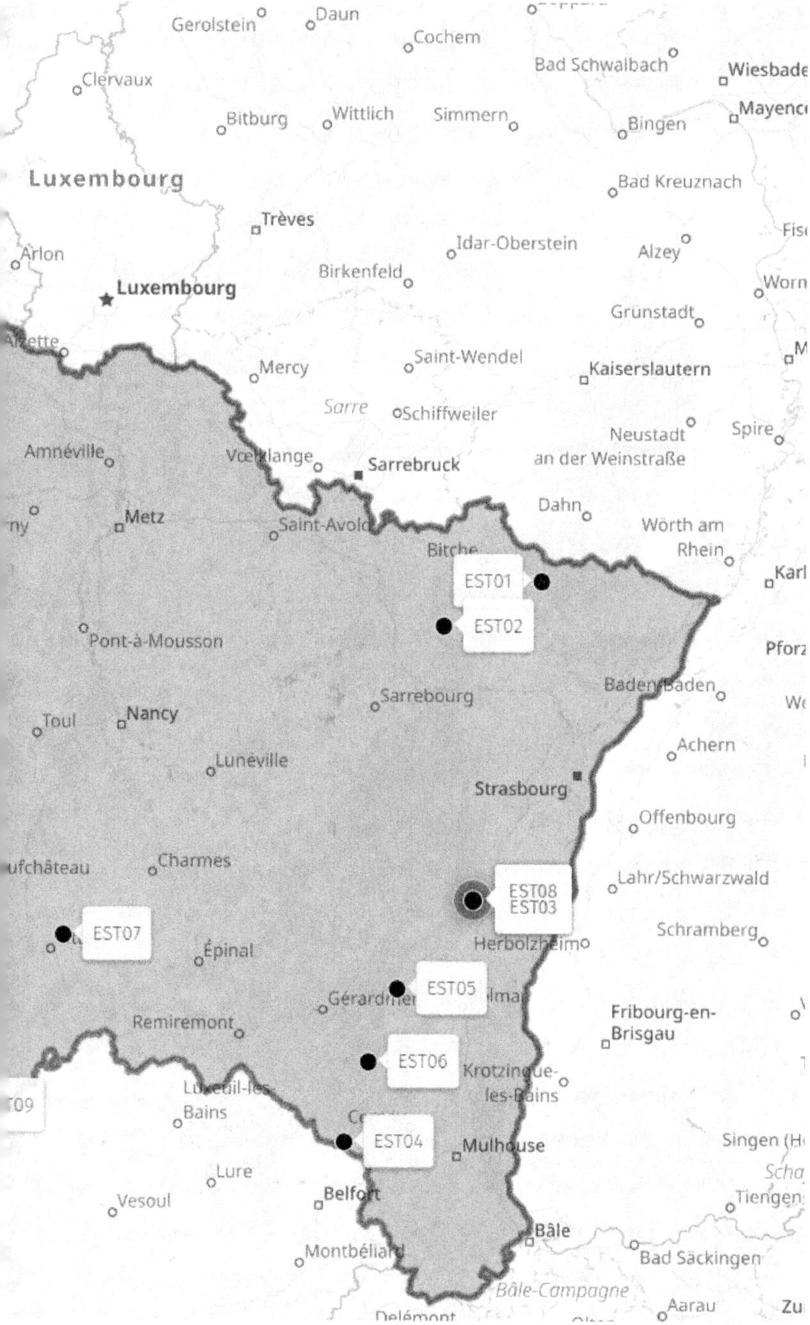
Gerolstein
Daun
Cochem
Bad Schwalbach
Clervaux
Bitburg
Wittlich
Simmern
Bingen
Luxembourg
Bad Kreuznach
Trèves
Arlon
Idar-Oberstein
Alzey
Birkenfeld
Luxembourg
Grünstadt
Mercy
Saint-Wendel
Kaiserslautern
Sarre
Schiffweiler
Amnéville
Neustadt an der Weinstraße
Spire
Sarrebruck
Metz
Saint-Avold
Dahn
Wörth am Rhein
EST01
EST02
Pont-à-Mousson
Sarrebourg
Baden-Baden
Toul
Nancy
Achern
Lunéville
Strasbourg
Offenbourg
Charmes
Lahr/Schwarzwald
EST08
EST03
EST07
Épinal
Schramberg
EST05
Remiremont
Fribourg-en-Brisgau
EST06
Bains
EST04
Mulhouse
Lure
Vesoul
Belfort
Bâle
Montbéliard
Bad Säckingen
Bâle-Campagne
Aarau

Hohenfels

EST01

03 88 09 24 08 / 06 81 05 99 51

GPS
Rue des sapins 67110 Dambach
49.009677140326076
7.622408866882324

Aire naturelle de Hinsbourg

EST02

03 88 01 52 65 /

http://www.tourisme-alsace.com/fr/217001409-Aire-naturelle-de-camping.html

GPS
Rue Principale 67290 Hinsbourg
48.910679846752764
7.287952305557269

Aire Naturelle de Palmer

EST03

03 88 92 94 57 /

http://www.tourisme-alsace.com/fr/222004204-Camping-Palmer-Aire-naturelle.html

GPS
11 rue du Baron de Faviers 67750 Scherwiller
48.288546064632435
7.417950331213433

Ferme Auberge de l'Entzenbach

EST04

03 89 82 45 49 /
bruno.leiser@orange.fr
https://www.visit.alsace/241000208-Aire-naturelle-de-camping-a-la-Ferme-de-lEntzenbach/

GPS
2 rue de l'Entzenbach 68290 Masevaux-Niederbruck
47.779995
6.948065

Ferme Auberge du Chèvremont

EST05

03 89 71 23 51 / 06 12 06 07 02
chevremont2@wanadoo.fr
http://www.fermeaubergeduchevremont.fr/

GPS
323 Chèvremont 68370 Orbey
48.12021319999999
7.131339600000047

Ferme Auberge du Salzbach

EST06

03 89 77 63 66 /

https://www.visit.alsace/231005009-Aire-naturelle-de-camping-a-la-Ferme-Auberge-du-Salzbach/

GPS

Ferme Auberge du Salzbach 69 rue du Buhl 68380 Sondernach

47.9579824
7.0295963

Domaine les Mirabelles

EST07

03 29 08 29 56 /
webmaster@lesmirabelles.nl

GPS

88800 They sous Montfort

48.2343819
5.9810732

Aire naturelle de camping à la ferme Meyer

EST08

03 88 85 67 26 /
meyer@alsace-online.de

GPS

4 rue Principale 67220 Saint Pierre Bois

48.32703956862588
7.361289556799747

Camping Comme Ca

EST09

07 72 09 04 98 / 06 53 71 45 53
info@commeca.eu
https://www.commeca.eu/

GPS

11 Rue du Château 52500 Arbigny-sous-Varennes

47.858455500393056
5.610434164153567

Normandie

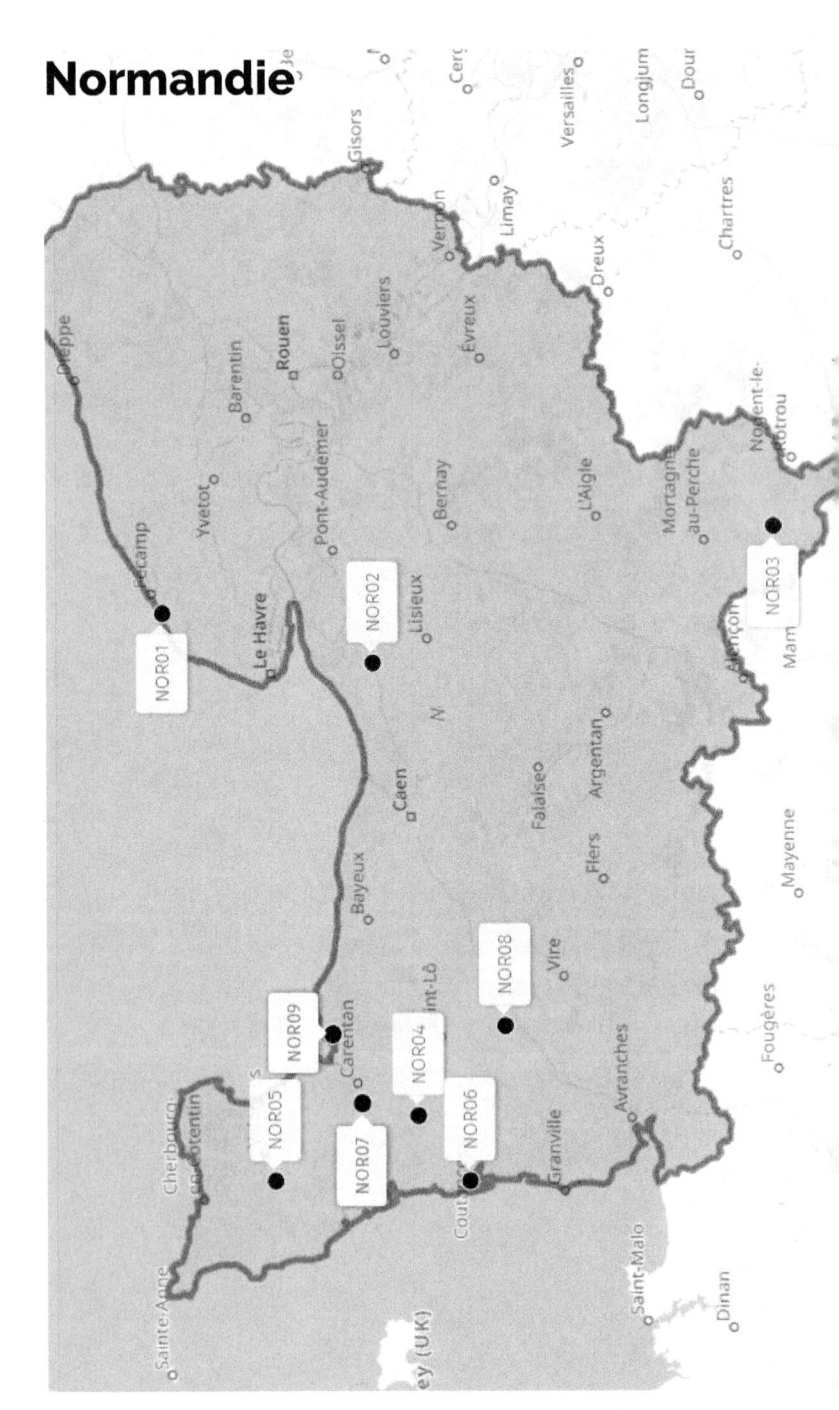

La Pâture

NOR01

02 27 30 68 03 /
lapature.yport@orange.fr
http://www.lapature.fr/

GPS

Rue André Toutain (D211)76111 YPORT

49.735579465652
0.30714964841002

Aire Naturelle de Camping de Reux

NOR02

02 31 64 84 63 / 06 42 41 34 07
lacouturetrain@gmail.com
https://www.calvados-tourisme.com/offre/aire-naturelle-de-camping-de-reux/

GPS

Le Lieu Train, 14130 Reux

49.267167471328
0.14096617698669

Aire naturelle du Bois du Puits

NOR03

07 67 45 49 28 /
ferme.leboisdupuits@laposte.net
http://jardin-botanique-du-bois-du-puits.fr/

GPS

Ferme du bois du puits Sérigny 61130 Belforêt-en-Perche

48.365326
0.595042

Le clos vert

NOR04

02 33 07 73 92 /
mairie-st-martin-daubigny@wanadoo.fr
https://mairie-saintmartindaubigny.fr/camping-et-chambres-dhotes/

GPS

3 Village de l'Église, 50190 Saint-Martin-d'Aubigny

49.16596311101946
-1.3488097730163595

L'Aire Naturelle de L'Oraille

NOR05

07 83 08 25 29 /

https://sites.google.com/site/campingloraille/

GPS

Chem. de l'Oraille, 50260 L'Étang-Bertrand

49.487143852800216
-1.5668547963256896

Camping Le Casrouge

NOR06

02 33 46 84 70 / 06 32 74 59 09

https://www.camping-casrouge.fr/

GPS
77 Rte de Saint-Malo de la Lande, 50230 Agon-Coutainville
49.05203558224943
-1.5678121363734037

Aire naturelle d'Auvers

NOR07

02 33 42 16 04 / 06 62 24 16 04

https://bnb-auvers.com/aire-naturelle-de-camping-normandie/

GPS
21 route de Cantepie, 50500 Auvers
49.29208536802124
-1.3073152541904698

Aire naturelle de camping de Tessy-sur-Vire

NOR08

02 33 56 30 42 /

https://www.tessybocage.fr/annuaire/services/aire-naturelle-de-camping-de-tessy-sur-vire/

GPS
Rue du Moulin, Tessy-sur-Vire, 50420 Tessy Bocage
48.973110561336526
-1.0555513697408843

Chez la fontaine

NOR09

09 72 13 20 37 / 06 79 25 78 03
info@chezlafontaine.com
https://chezlafontaine.com/

GPS
8 route de St.Clément, Lieu dit Fontenay, 14230 Géfosse-Fontenay
49.35729703624149
-1.09529167253835

Nouvelle-Aquitaine

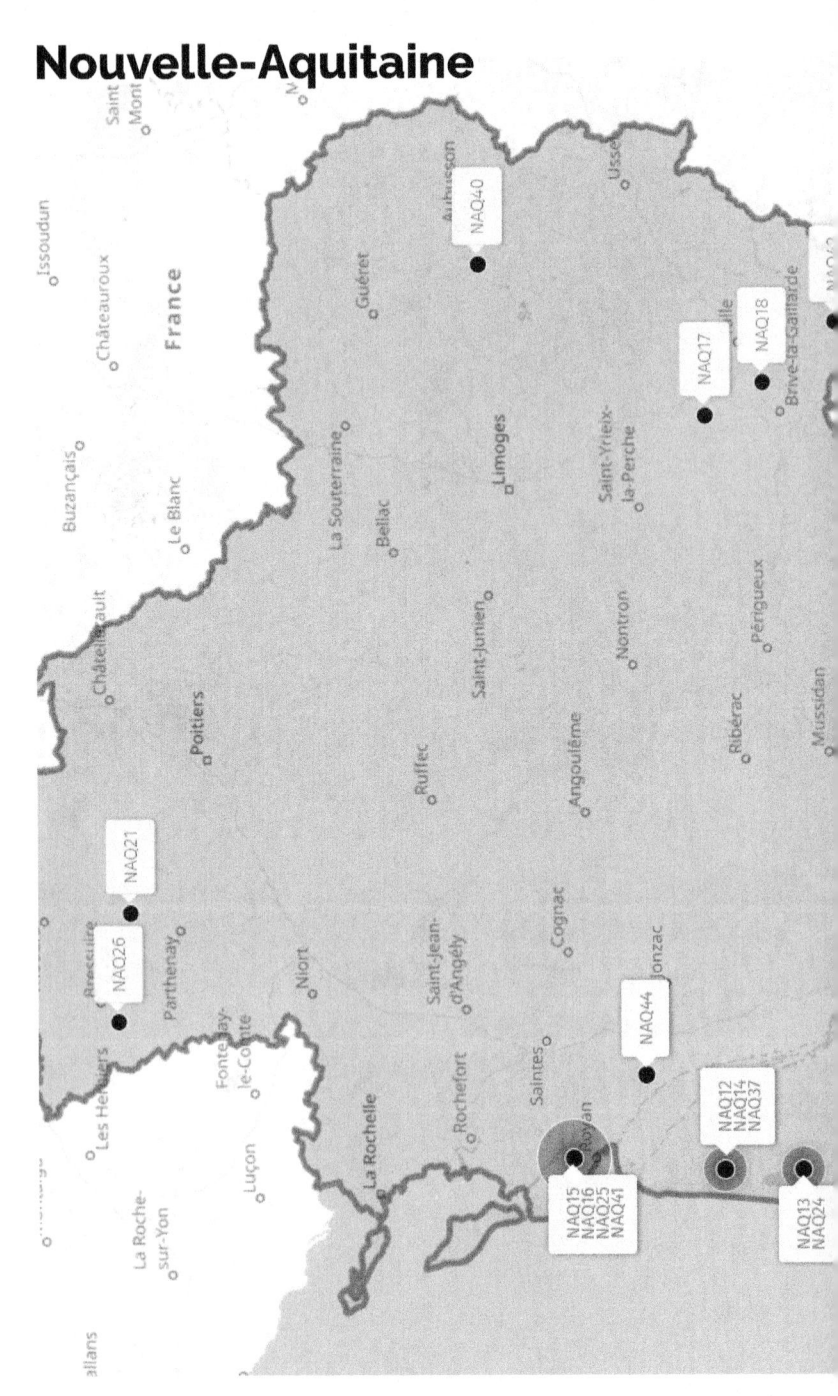

NAQ27
NAQ07 NAQ08 NAQ09
NAQ19 NAQ20
NAQ02
NAQ03
NAQ01
NAQ43
NAQ29
NAQ31 NAQ35 NAQ36 NAQ38
NAQ05 NAQ06 NAQ22 NAQ33
NAQ04
NAQ32
NAQ28
NAQ34
NAQ10
NAQ39
NAQ23
Bordeaux
Léognan
Langon
Marmande
Bergerac
Agen
Nérac
Castelsarrasin
Montauban
Cahors
Figeac
Villefranche-de-Rouergue
Albi
Gaillac
Graulhet
Castres
Mazamet
Toulouse
Muret
Revel
Castelnaudary
Carcassonne
Limoux
Pamiers
Foix
Saint-Gaudens
Saint-Girons
Auch
Tarbes
Pau
Orthez
Bayonne

La Réserve

NAQ01

05 58 04 38 12 /

GPS

1870 avenue de l'Océan 40110 Garrosse
44.03558844890373
-0.94584336004948

Famille Perroy

NAQ02

06 10 68 45 15 /

http://www.camping-aire-naturelle.fr/

GPS

190 chemin de Montgaillard 40200 Sainte Eulalie en Born
44.28630321102487
-1.1736488342285156

Archus

NAQ03

06 79 45 37 75 /

GPS

Chantal WARY, quartier Archus 40200 Mimizan
44.1669704
-1.2265204999999924

Ferme Coumet

NAQ04

05 58 57 95 95 / 06 87 44 43 26
jean-marie.lalanne40@orange.fr

GPS

328 chemin Chourron 40465 Prechacq-Les-Bains
43.7554725
-0.9031909999999925

Aire Naturelle du Cayre

NAQ05

06 30 36 64 28 /
domaineducayre@gmail.com
http://www.domaineducayre.com/

GPS

751 route des chevreuils 40550 Saint Michel Escalus
43.899794174193
-1.270272731781

Le petit Jean

NAQ06

06 87 46 89 71 /
camping.petitjean@free.fr
http://www.camping-petit-jean-leon.fr/

2663 route Laguens 40550 Léon

43.862922780038
-1.2743604183197

Les Bruyères

NAQ07

05 58 78 79 23/

http://www.biscarrosse.com/hebergements/campings-village-vacances/aires-naturelles-de-campings/aire-naturelle-de-camping

3725 route de Bordeaux 40600 Biscarosse Ville

44.4337378
-1.1316576

Le Frézat

NAQ08

06 22 65 57 37 /
contact@lefrezat.fr
https://www.lefrezat.fr

2583 chemin de Mayotte 40600 Biscarosse Lac

44.43976
-1.1410672

Lafargue-Duport

NAQ09

05 58 78 74 58 /
airenaturelle.lafargue@gmail.com
http://aire-naturelle-lafargue.fr/

1674 chemin de Mayotte 40600 Biscarosse Lac

44.4349911
-1.1483666

Maison Eyharche

NAQ10

05 59 28 94 52 / 07 81 76 44 26
alinda.van.dijk@orange.fr
http://campingeyharche.weebly.com/

Eyharche 64130 Barcus

43.160262
-0.8268869999999424

Carrique

NAQ11

05 59 28 50 25 /
carrique64@hotmail.fr
http://www.camping-carrique.com/

64470 Alos-Sibas-Abense

43.1091717
-0.8820220999999719

Le Bonheur est dans le pré

NAQ12

05 56 41 03 39 / 06 68 80 08 07
campingdubonheur@free.fr
https://sites.google.com/site/campinglebonheurestdanslepre

177 Lamodeneuve Sud 33930 Vendays-Montalivet

45.311703
-1.0924830000000156

L'Acacia

NAQ13

05 56 73 80 80 / 06 72 94 12 67
camping.lacacia@orange.fr
http://www.camping-lacacia-hourtin.com

L'Acacia 182 Sainte hélène 33990 Hourtin

45.1353548
-1.0637165000001

Les Grands Chênes et les Ajoncs

NAQ14

06 79 89 36 45 /
camping-gca@orange.fr
http://www.camping-gca.com/

15 Route des Lacs 33990 Naujac-sur-Mer

45.249354
-1.0850759999999582

La Rivière

NAQ15

05 46 05 39 68 /
campinglariviere@yahoo.fr
http://www.larivierecamping.com

6 Rue Gerbiers 17120 Semussac

45.60533879530747
-0.9383976459503174

L'R nature

NAQ16

06 83 50 67 00 /
lrnature17@gmail.com
http://www.campingalaferme.lrnature.sitew.com

GPS

15 rue du petit bois Dirée 17530 Arvert

45.749705
-1.1503185999999914

Le Bois Coutal

NAQ17

05 55 73 71 93 / 05 55 73 27 66
contact@camping-boiscoutal.com
http://www.camping-boiscoutal.com/

GPS

19410 Vigeois

45.348287
1.5143219999999928

Le Chazal

NAQ18

05 55 22 50 13 /
accueil.lechazal@gmail.com
https://lechazal.com/

GPS

19560 Saint-Hilaire-Peyroux

45.204598242186
1.6330254077911

Les Ajoncs

NAQ19

05 58 78 17 83 /

GPS

3682 Route de Bordeaux, 40600 Biscarrosse

44.432941644581
-1.1294121865081

Loriot

NAQ20

05 58 78 77 96 /

GPS

687 Chemin de Goubern, 40600 Biscarrosse

44.4359032
-1.1332516

Aire naturelle du Cébron

NAQ21

06 95 26 61 26 /
cebron@labetapi.fr
http://www.lacducebron.fr

GPS

79600 St loup sur thouet

46.770982515924
-0.18925666809082

Camping Pesson

NAQ22

06 89 29 56 02 /

https://www.campingpesson.com/

GPS

921 Rte de Messanges, 40140 Azur, France

43.797159779936
-1.3167177140167

Maison Bousquet

NAQ23

05 59 39 26 10 / 06 15 95 88 21
camping.bousquet@hotmail.fr
https://www.camping-bousquet.fr/

GPS

Aux Touyas, 64490 Bedous, France

43.012825644911
-0.60162547567138

Camping La Prairie

NAQ24

06 69 74 85 93 /
pascale.dubois3@icloud.com
https://www.airenaturelle-carcans.com/

GPS

225 Rte de la Sainte-Hélène de l'étang, 33121 Carcans

45.11211059083
-1.0676388232788

Le Grand Pré

NAQ25

05 46 06 74 43 /
chantal@legrandpre.eu
http://www.legrandpre.eu/

GPS

373 route de Pousseau Pousseau 17600 Medis

45.6451425136
-0.99585776455689

Aire naturelle de camping ICB là

NAQ26

06 52 61 66 79 /
icbla2sevres@gmail.com

La chabautière 79300 Clazay

46.800710769016
-0.56282661509704

Aire Naturelle Les Noisetiers

NAQ27

06 83 79 63 79 /

https://airenaturellelesnoisetiers.business.site/

116 Av. du Bass. d'Arcachon, 33680 Le Porge

44.84721310604657
-1.1116361618041992

Aire Naturelle Maison Donamartia

NAQ28

05 59 54 50 59 /

https://camping-maison.edan.io/

6132 Chem. de Donamartia, 64310 Saint-Pée-sur-Nivelle

43.343672525224605
-1.5510892868041992

Aire Naturelle Les Allées

NAQ29

05 53 89 50 37 /

Les Allées, 47430 Le Mas-d'Agenais

44.410462671974
0.21971583366394

Camping Lassalle

NAQ30

05 58 42 70 71 /

https://www.cotelandesnaturetourisme.com/offres/camping-lassalle-lit-et-mixe-fr-2210491/

205 Chem. Lessalle, 40170 Lit-et-Mixe

44.018829790954626
-1.267865914016717

Camping Air Naturelle

NAQ31

06 82 08 03 83 /

462 Chemin de Soulan, 40170 Saint-Julien-en-Born
44.075139
-1.2459

Aire Naturelle La Grange

NAQ32

06 87 33 89 53 /
lagrangecamping@gmail.com

903 Rte de Saint-Vincent-de-Paul, 40180 Yzosse
43.715952
-1.013227

Camping du Toy

NAQ33

05 58 91 55 16 / 07 50 82 90 42
mail@camping-du-toy.com
https://www.camping-du-toy.com/fr/

1284 Rte des Carroués, 40990 Herm
43.823772665129326
-1.1502876772460846

Camping à la ferme Diriart

NAQ34

05 59 37 69 61 / 06 33 10 69 85

https://campingalafermepaysbasque.com/

Etchemendy-Beheria, 64780 Suhescun
43.2354173
-1.2110448

Camping du pont noir

NAQ35

06 40 71 64 78 /
campingdupontnoir@hotmail.com
https://campingdupontnoir.jimdofree.com/

1170 route du sable blanc, 40170 Saint Julien en Born
44.0712186
-1.2442224

Camping Piou de Pelle

NAQ36

06 30 65 59 49 / 06 75 53 39 28
camp.pioudepelle@gmail.com
http://piou-de-pelle.e-monsite.com/pages/le-camping.html

GPS

1340 route du sable blanc, 40170 Saint Julien en Born

44.0710343
-1.2462497

Aire naturelle de camping Laouba

NAQ37

06 45 24 08 69 /
info@campinglaouba.com
https://www.campinglaouba.com/fr/

GPS

280, Chemin de Laouba 33930 Vendays-Montalivet

45.344763
-1.071582

La Téouleyre

NAQ38

06 03 03 15 81 /

https://lateouleyre.jimdo.com/

GPS

Route de Contis - 468 ch. de Jean de Paul 40170 Saint-Julien-en-Born

44.073018371613855
-1.2387621402740479

La ferme Carrique

NAQ39

06 30 50 97 48 /
contact@camping-carrique.com
https://camping-carrique.com/

GPS

64470 Alos-Sibas-Abense

43.109518137383475
-0.8824309903028995

Aire naturelle de Vallière

NAQ40

05 55 66 00 33 /
secretariat@mairie-valliere.fr
http://www.mairie-valliere.fr/index.php?page=aire-naturelle

GPS

23120 Vallière

45.91299739776824
2.0390675167632626

Aire naturelle L'Ilot

NAQ41

05 46 22 68 92 / 06 30 79 14 46
airenaturellelilot@orange.fr
https://airenaturellelilot.fr/

GPS

46 Rte de l'Îlot, 17570 Saint-Augustin

45.69035311368888
-1.1241025230316137

Camping La Champagne

NAQ42

06 48 47 23 51 / 05 55 28 16 93
info@campinglachampagne.eu
https://campinglachampagne.eu/

GPS

Lieu dit La Champagne 19120 Brivezac

45.02183489821213
1.8407077863693377

Aire naturelle de camping de Sore

NAQ43

05 58 07 60 06 /
mairie@sore.fr
https://www.sore.fr/Vie-pratique/Hebergements/Aire-naturelle-de-camping-2-epis

GPS

183 Rue de la Piscine, 40430 Sore

44.3203862829839
-0.583195616801199

Camping Chez Buord

NAQ44

05 46 94 12 36 / 06 84 28 30 86

GPS

12a Av. de Royan, 17120 Brie-Sous-Mortagne

45.49544587672524
-0.7463247281723029

Occitanie

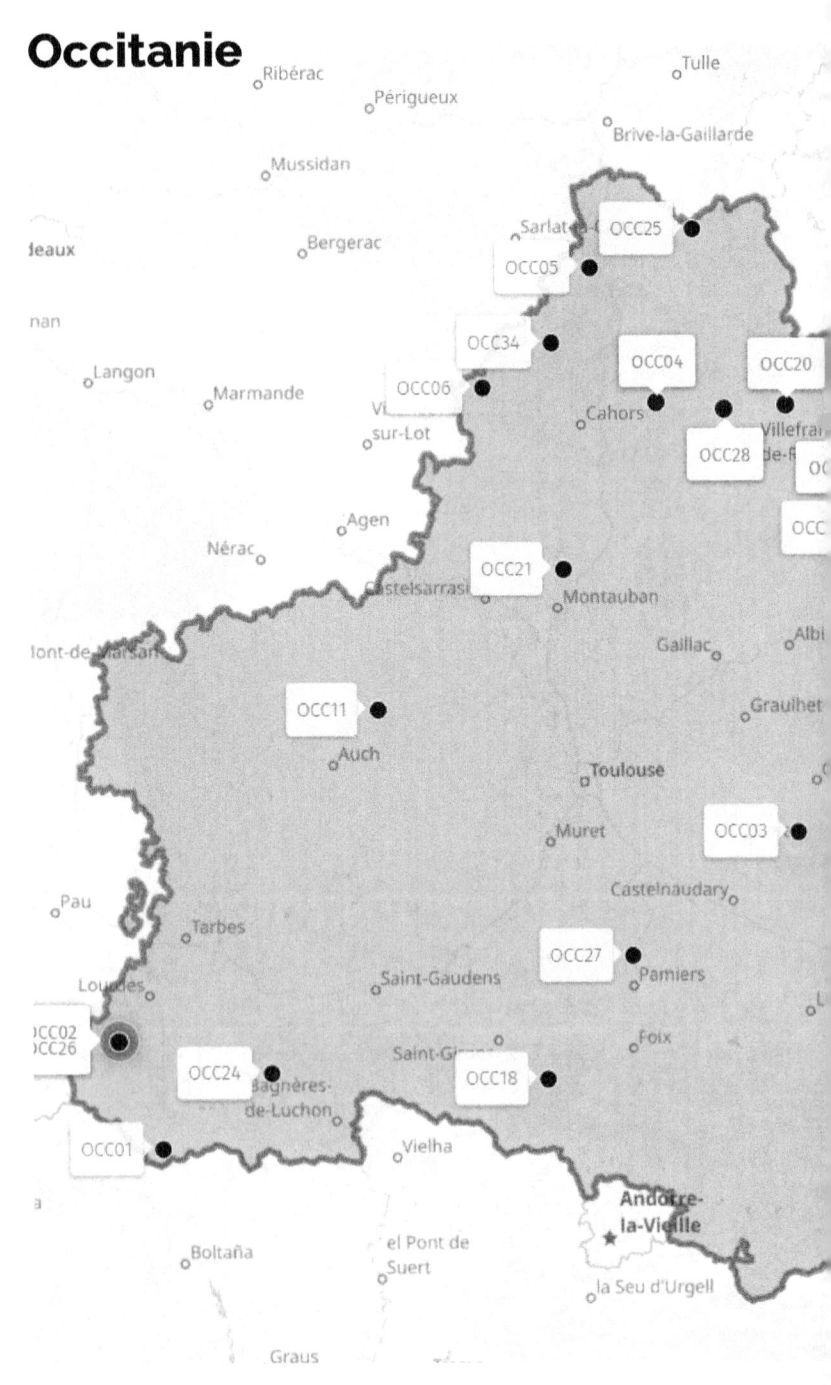

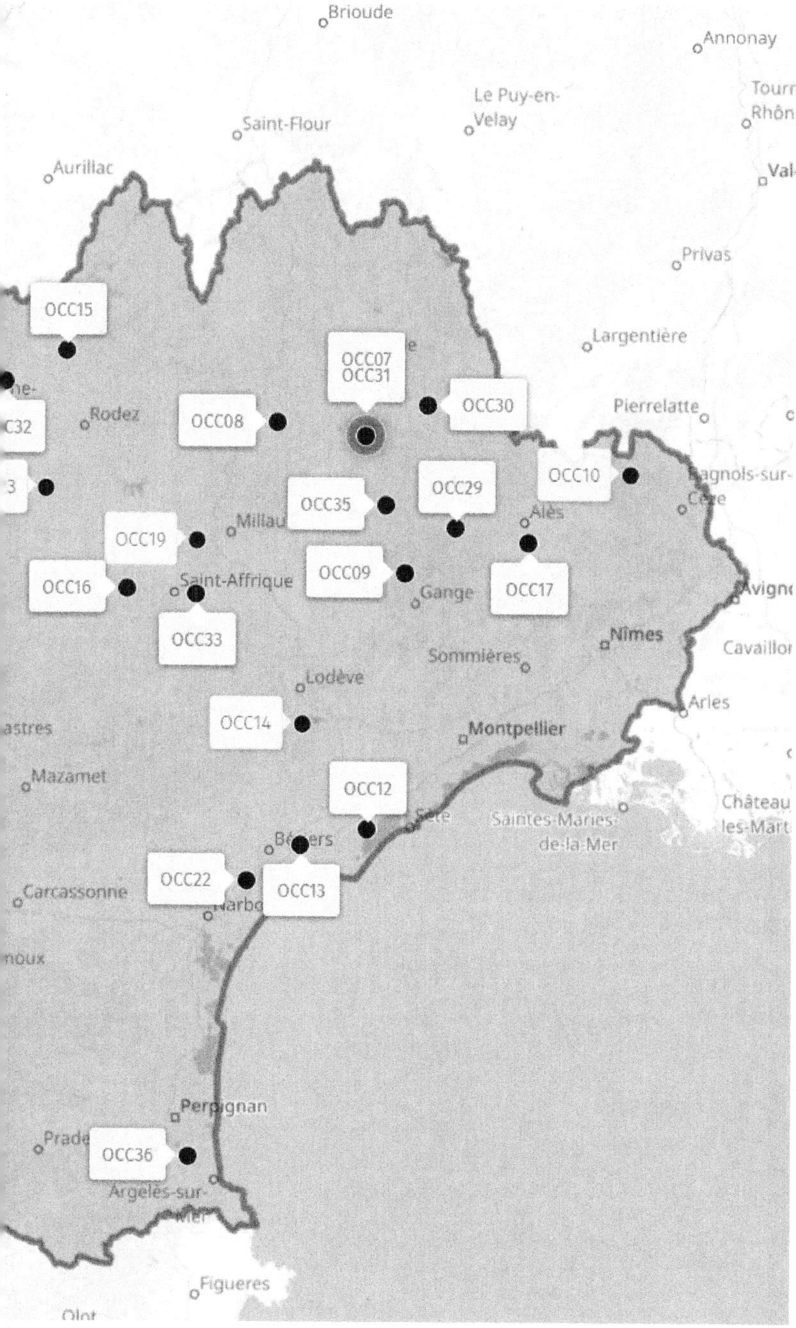
Brioude
Annonay
Le Puy-en-Velay
Saint-Flour
Aurillac
Privas
Largentière
Pierrelatte
OCC15
OCC07
OCC31
OCC30
Rodez
OCC08
OCC10
OCC35
OCC29
Alès
OCC19
Millau
OCC16
Saint-Affrique
OCC09
Gange
OCC17
OCC33
Nîmes
Sommières
Lodève
Arles
OCC14
Montpellier
Mazamet
OCC12
Saintes-Maries-de-la-Mer
OCC22
OCC13
Carcassonne
Perpignan
OCC36
Argelès-sur-Mer
Figueres

La Bergerie

OCC01

05 62 92 48 41 / 06 42 76 47 83

http://www.camping-gavarnie-labergerie.com/

GPS

Chemin du Cirque 65120 Gavarnie

42.72872276817037
-0.007370710372924805

Mialanne

OCC02

05 62 92 67 14 /
mialanne@orange.fr
http://campingmialanne.fr/

GPS

63 route d'Azun 65400 Arrens Marsous

42.960229107721176
-0.20685871904902342

Aire naturelle La Pouzaque

OCC03

05 63 50 32 75 /
accueil@lapouzaque.org
https://www.lapouzaque.org/aire-naturelle-de-camping_32.php

GPS

La Pouzaque 81110 Verdalle

43.486436851999
2.1762722883606

Les Cadichons

OCC04

05 65 30 91 56/
les-cadichons@wanadoo.fr
http://www.les-cadichons.com

GPS

Les Bouygues 46330 Sauliac-sur-Célé

44.501961526332
1.6936111450195

Chez Francis

OCC05

05 65 37 64 87 /
francis.gatignol@wanadoo.fr
http://www.campingchezfrancis.fr/accueil

GPS

Le Treil 46350 Loupiac

44.82221988702274
1.467576026916504

Domaine Salinie

OCC06

05 65 24 64 45 / 06 86 99 52 82
contact@domaine-salinie.com
http://www.domaine-salinie.com/index.php/

GPS

Cuzorn 46700 Montcabrier

44.538756
1.0973559999999907

Loz'aire naturelle

OCC07

06 75 15 14 85 /
campinglozairenaturelle@gmail.com
https://camping-lozairenaturelle.com/

GPS

La Rochette 48320 Quézac

44.35694
3.566939

Camping la ferme du Bouquet

OCC08

04 66 48 81 82 / 06 58 88 38 99
campingbonnal@orange.fr
https://www.campingalaferme-lozere.fr/

GPS

Le Bouquet 48500 Saint-Georges-de-L v jac

44.362058918206
3.2306360330658

Mas Carriere

OCC09

04 67 82 45 78 / 06 85 52 01 76
c.carriere28@laposte.net
http://camping-mas-carriere.com/

GPS

Rue du Tioulas 30570 Saint André de Majencoules

44.0073671
3.677429699999948

La Saraill re

OCC10

04 66 82 34 07 / 06 31 94 85 29
camping-la-saraillere@hotmail.fr
http://www.camping-la-saraillere.com/

GPS

30630 Goudargues

44.24127917079283
4.444699287414551

Gré du Vent

OCC11

05 62 65 17 59 / 09 75 91 84 87
camping.gre.du.vent@wanadoo.fr
http://www.camping-greduvent.fr/

Gré du Vent 32130 Taybosc

43.7801611
0.7341057999999521

Aire naturelle de Villemarin

OCC12

04 67 77 39 29 /
campinggitesvillemarin@gmail.com
http://www.campingdevillemarin.fr/

Route de M ze 34340 Marseillan

43.3975868
3.5484779

Domaine de Clairac

OCC13

04 67 76 78 97 / 06 11 19 98 13
info@campingclairac.com
http://www.campingclairac.com/

Route de Bessan 34500 Béziers

43.3626098
3.3182371999999987

Les Arcades

OCC14

04 67 96 99 13 /
info@campinglesarcades.com
https://www.campinglesarcades.com/

1 Chemin du Moulin 34800 Octon

43.648109
3.3225270000000364

Aire naturelle de Pruines

OCC15

05 65 69 82 85 /
commune.pruines@wanadoo.fr

Le Bourg 12320 Pruines

44.529898
2.5050639999999476

Camping de Saint Izaire

OCC16

07 85 12 16 94 /
contact@camping-de-saint-izaire.com
https://www.camping-de-saint-izaire.com/

GPS

La Planque 12480 Saint Izaire

43.97311209999999
2.719419700000003

Le Mas Cauvy

OCC17

07 69 55 15 79 /
mas.cauvy@hotmail.fr
https://www.camping-mascauvy.com/

GPS

559 chemin du Mas Cauvy 30380 Saint Christol les Alès

44.0794105
4.0982142

L'azaigouat

OCC18

05 61 96 95 03 / 06 47 94 33 43
camping.azaigouat@orange.fr
http://azaigouat.waibe.fr/

GPS

route du col du Saraill 09230 Biert

42.8914353573357
1.3118791580200195

Le Katalpa

OCC19

06 78 09 18 13 /
contact@lekatalpa.fr
http://www.lekatalpa.fr/

GPS

12100 Comprégnac

44.0822876
2.960667899999976

L'Occitan

OCC20

05 65 80 43 32 /

GPS

Laubarede 12220 Peyrusse Le Roc

44.4913079
2.1370789999999715

Clos des garrigues

OCC21

06 64 67 57 64 / 06 13 02 05 87
ds.mangenot@gmail.com
https://www.closdesgarrigues.fr

GPS

2270 chemin des Garrigues, 82130 L'Honor de Cos

44.1098853
1.3724917

La ferme du Perrier

OCC22

06 47 01 77 56 /
lafermeduperrier@gmail.com

GPS

route de Salles d'Aude, 34440 Nissan lez Ensérune

43.271393600104
3.1293869018555

Camping La Fabrie

OCC23

06 74 04 79 87 /
bernardmazenq@yahoo.fr

GPS

Camping la ferme La Fabrie, 12160 Camboulazet, France

44.205651983989
2.4380272566223

Aire Naturelle de Camping Gentils

OCC24

07 68 64 11 51 /
touron.alex@gmail.com
https://www.airenaturelledecampingpailhac.com/

GPS

Gentils, 65240 Pailhac, France

42.908372
0.366079

Camping Lasfargues

OCC25

05 65 38 52 31 /

http://campingalaferme.free.fr/

GPS

Lasfargues, 46130 Prudhomat, France

44.909667725796886
1.8192994594573975

Aire Naturelle Bellevue

OCC26

06 08 36 99 96 /
camping.bellevue65@wanadoo.fr
http://bellevue-pyrenees.fr/

24 Chemin de la Plaine, 65400 Ayzac-Ost, France

43.018548569743
-0.092447801297006

Camping Le Canteraines

OCC27

05 61 68 30 79 /

https://www.camping-ariege-pyrenees.fr/camping/

Le Château, 09700 Le Vernet d'Ariège

43.190808000000004
1.6022121375732512

Camping du Causse

OCC28

05 65 81 74 48 / 06 50 24 94 05
nmpradayrol@gmail.com
https://camping-du-causse.fr/

Suc de Rulhe 12260 Ambeyrac

44.492259573639274
1.9308581177215745

Camping La Vernede

OCC29

04 66 85 33 04 /
francis.bordarier@gmail.com
http://camping-vert.com/

Le Cap del Pra, 30270 Saint-Jean-du-Gard

44.11480924605973
3.8447304849029695

La Barette

OCC30

04 66 45 82 16 /
lucile.camping@gmail.com
http://www.gites-mont-lozere.com/la-barette/

48220 Pont-de-Montvert-Sud-Mont-Lozère

44.40391630935836
3.7474245033187836

Camping Charbonnières

OCC31

04 66 47 44 70 / 06 74 36 19 57
camping.charbonnieres@orange.fr
https://www.campingcharbonnieres.com/

GPS

48210 Gorges du Tarn Causses

44.3361277
3.4905532

La ferme de la Borde

OCC32

05 65 64 41 09 / 06 74 27 26 12
roland.mathat@orange.fr
https://fermelaborde12.fr/

GPS

La Borde 12390 Bournazel

44.45705955950992
2.298065564501718

Camping des Baumes

OCC33

06 27 23 31 81 /
florent.zezula@gmail.com
http://camping-des-baumes.com/

GPS

Le Mas des Baumes 12250 Saint-Jean d'Alcapiès

43.95421300685425
2.9541850198516872

Camping Lagoudalie

OCC34

05 65 41 64 16 /
campinglagoudalie@gmail.com
https://www.lagoudalie.com/

GPS

46340 D gagnac

44.64454120000001
1.3330026

Aire naturelle de l'Aigoual

OCC35

04 30 11 75 89 / 06 42 13 78 75
contact@aire-naturelle-aigoual.fr
https://www.aire-naturelle-aigoual.fr/

GPS

Les Cabanes, 48400 Bassurels

44.16134990229515
3.610611717859461

Camping La Mignane

OCC36

06 77 62 38 88 / 04 68 21 00 97
campinglamignane@orange.fr
https://www.campinglamignane.fr/

GPS

D612 Route de Bages 66200 Elne

42.60765000
2.93243800

Pays-de-la-Loire

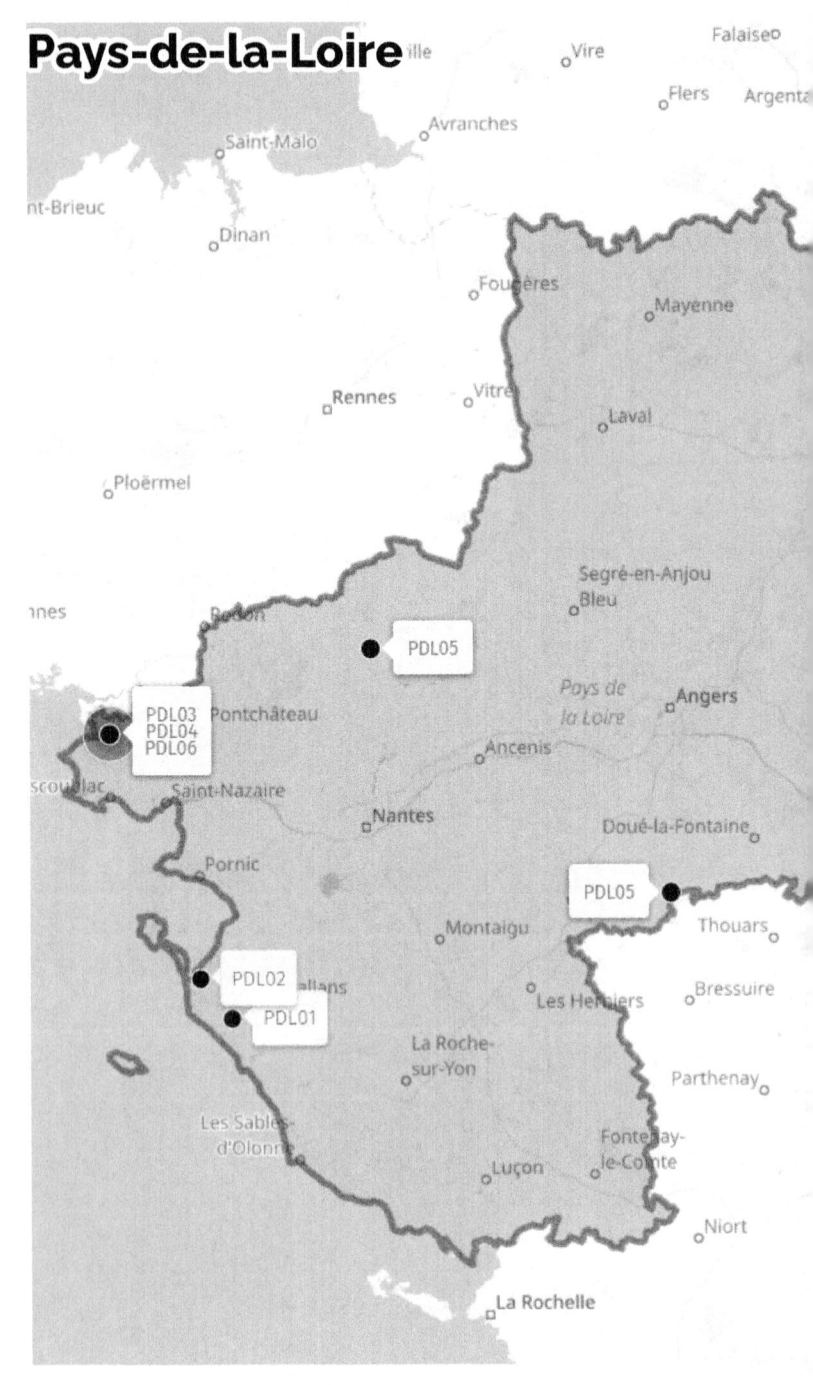

Les Chagnelles

PDL01

06 42 95 83 03 /
camping-leschagnelles@orange.fr
https://camping-chagnelles.fr

GPS

109 chemin du Porteau 85300 Le Perrier

46.807281401272
-1.9995498296387

Les Gâts

PDL02

02 51 55 97 22 / 06 09 87 84 41

http://www.fromentine-vendee.com/aire-naturelle-les-gats-la-barre-de-monts.html

GPS

Chemin des gâts 85550 La Barre de Monts

46.89366099999999
-2.101342499999987

Ferme Redunel

PDL03

02 40 01 71 98 /

GPS

Rue du Calvaire, 44410 Assérac

47.429625981646
-2.3831641674042

Ferme d'Isson

PDL04

02 40 01 74 63 /

http://www.camping-lafermedisson.com/

GPS

Isson, 44410 Assérac

47.426287445262
-2.4182184074097

Aire naturelle de la Fontaine de Boisdon

PDL05

02 41 75 82 08 /
mairie@saintpauldubois.com
https://saintpauldubois.com/camping-municipal/

GPS

1 All. des Peupliers, 49310 Saint-Paul-du-Bois

47.0778006
-0.5470853

Aire naturelle de la ferme de Pen-Bé

PDL06

06 07 50 43 84 /
contact@campingdepenbe.fr
https://campingdepenbe.fr/

12 route de l'Estran 44410 Asserac

47.426497291393595
-2.4538825556128874

Aire naturelle de camping de l'étang de Gruellau

PDL07

06 82 78 47 05 /
lesamisdegruellau@orange.fr
https://www.treffieux.fr/site-de-gruellau-2/

La Tourterelle, 44170 Treffieux

47.60235970997235
-1.5355012813572493

Provence-Alpes-Côte d'Azur

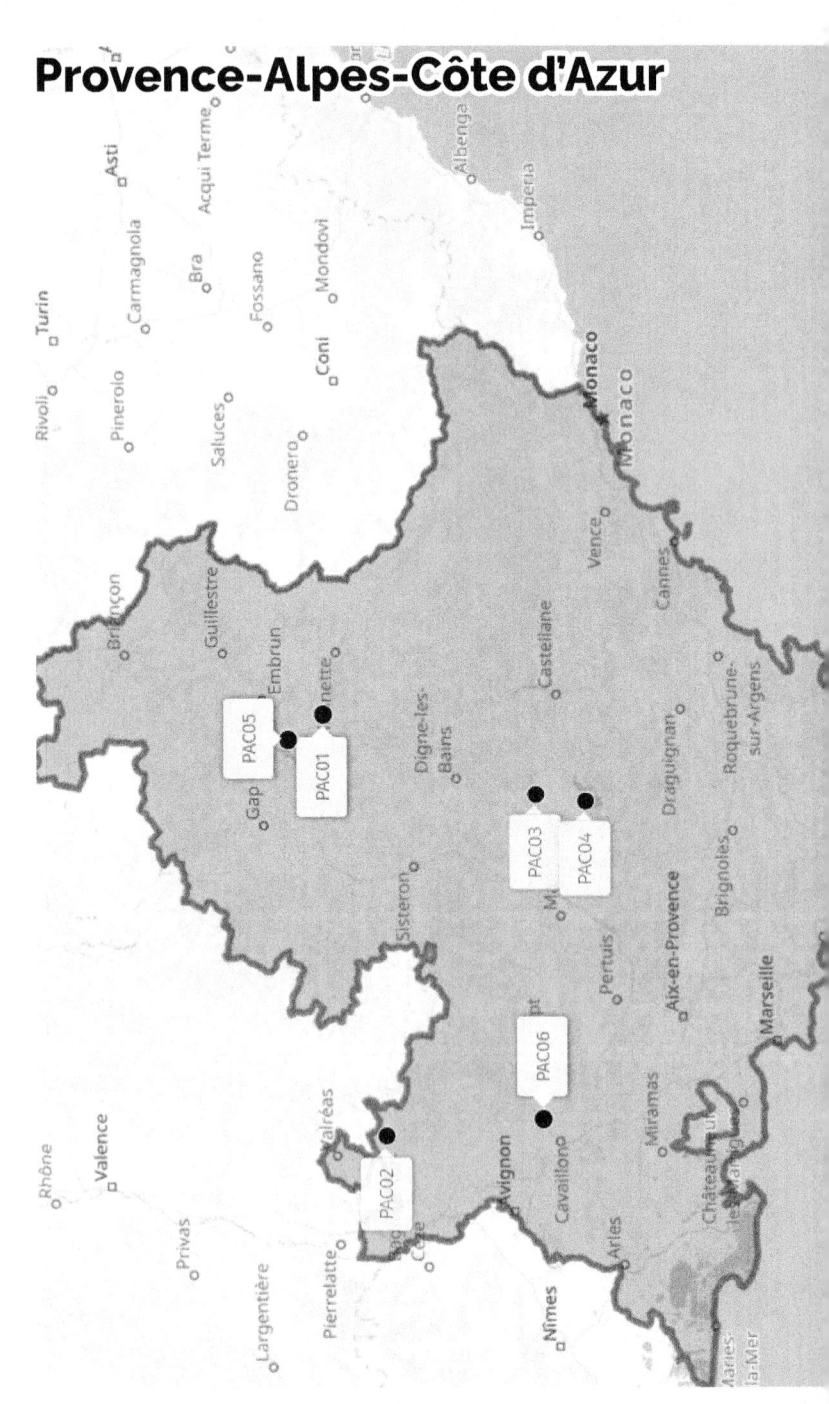

Le bois de Hoches

PAC01

06 86 16 91 46 /
boisdeshoches@free.fr
https://www.camping-boisdeshoches.com/

GPS

04340 Le Lauzet-Ubaye

44.4243958
6.441530499999999

Domaine la Cambuse

PAC02

04 90 36 14 53 / 07 78 12 62 20
dom.lacambuse@wanadoo.fr
http://www.domainelacambuse.com/

GPS

Route de Villedieu 84110 Vaison-la-Romaine

44.26461253271419
5.053136257672122

La Ferme de Vauvenières

PAC03

04 92 74 44 18 /

http://www.ferme-de-vauvenieres.fr/camping.html

GPS

04410 Saint Jurs

43.8976441
6.180799799999932

Les Roux

PAC04

04 92 77 75 83 /
campinglesroux@wanadoo.fr
http://www.verdon-camping.com/

GPS

04500 Sainte Croix du Verdon

43.773770065884115
6.160231674591046

Aire Naturelle du Château

PAC05

06 79 78 22 79 /

GPS

L'église 05160 Pontis

44.505173734232685
6.35582761108401

Aire naturelle de camping la folie

PAC06

04 90 20 20 02 / 06 84 24 26 14

https://www.bienvenue-a-la-ferme.com/paca/vaucluse/lagnes/ferme/aire-naturelle-de-camping-la-folie/71877

GPS

1500 Rte de Robion, 84800 Lagnes

43.881055715605505
5.107026214444519

Notes personnelles

LE CARNET DES AMATEURS DE RANDONNÉES

1 INDEX + 2 PAGES À COMPLÉTER PAR SORTIE (50 SORTIES)

CARNET DE RANDONNÉES

POUR DÉCOUVRIR, NOTER & SE SOUVENIR DE SES RANDOS PRÉFÉRÉES

Aidez-nous à améliorer ce guide !

N'hésitez pas à nous faire part
de vos commentaires :
romain@airenaturelle.com

Vous avez apprécié ce guide ?

Nous vous invitons à laisser
un avis ★★★★★
sur la page de vente du guide

Pour poursuivre l'aventure, rendez-vous sur :

AireNaturelle.com

Printed in Dunstable, United Kingdom